어린이 삼국사기 편찬위원회 글 | 최수웅 그림
한국역사연구회 추천 및 감수

주니어 김영사

머리말

《어린이 삼국사기》를 읽는 어린이들에게

자랑스러운 민족 문화를 깨닫는 첫걸음

 우리가 조상들의 삶을 알 수 있는 것은 우리에게 남아 있는 유물과 유적을 보고서 가능하지요. 그 중에서도 글로 남아 있는 책은 정말 소중한 역사 유물입니다.

우리나라 역사에 관심을 갖게 되면, 조상들이 훌륭한 민족 문화를 지켜 온 것에 대해 저절로 자랑스러운 마음이 생기고 뿌듯해진답니다. 만일 조상이 잘못한 점을 발견하게 되더라도, 우리는 다시 그런 잘못을 되풀이하지 않도록 조심하면 됩니다.

이러한 점에서 이번에 새롭게 엮은 《어린이 삼국사기》는 어린이들이 우리 역사에 관심을 가질 수 있도록 알기 쉽게 꾸몄어요. 《어린이 삼국사기》는 고구려, 백제, 신라 때의 왕들과 충신들 등이 나라를 다스릴 때에 일어났던 일을 중심으로 엮은 거예요.

《어린이 삼국사기》를 통해서 우리 조상들이 어떻게 살았고, 무슨 생각을 했는가를 알게 될 거예요. 그것이 바로 우리의 자랑스러운 민족 문화를 깨닫는 첫걸음입니다. 아울러 우리의 역사를 이해하면서 우리의 마음과 눈은 좀 더 넓어지고 깊어질 겁니다.

어린이 삼국사기 편찬위원회

인물의 삶으로 읽는 역사의 큰 흐름

우리는 현재를 살고 있으며, 마땅히 현재에 충실한 삶을 가꿔야 합니다. 그런데 현재는 홀로 존재하는 것이 아니라, 과거와 떼려야 뗄 수 없는 밀접한 관계입니다. 따라서 과거, 즉 역사를 알아야 비로소 현재를 온전하게 살아갈 수 있어요. 그런데 역사를 따분하고 어렵게 생각하는 어린이들이 많아서 우리나라 역사에 대해 제대로 알지 못하는 어린이들이 많아요.

이번에 주니어김영사에서 출간한 '처음 읽는 우리 역사' 시리즈는 주요 역사서를 기본 토대로 인물 중심으로 역사를 구성했어요. 인물을 중심으로 한 구성은 인물의 삶에 동화되어 역사의 흐름을 실감나게 느끼도록 해 주지요. 게다가 인물의 삶에 드러난 역사의 흐름을 조목조목 짚어 주어, 어린이들도 쉽게 역사적인 사실을 알 수 있습니다.

어린이들이 이 시리즈를 통해 역사에 더욱 가까이 다가가고, 그로 인해 모든 사람들의 노력이 결실을 맺으리라 믿습니다.

한국역사연구회

어린이 삼국사기 3

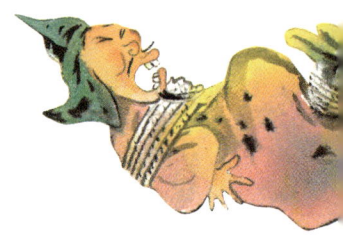

용맹스러운 죽음을 택한 사람들

- 삼국사기에 대하여 _8

자신이 한 말을 책임진 석우로
용감하면서도 자상한 장군 _10
말실수를 책임지다 _13
남편의 원수를 갚다 _16

용맹스러운 소년 화랑 사다함
나라를 먼저 생각하다 _18
가야 정벌에 앞장서다 _21
화랑 정신을 드높이다 _26

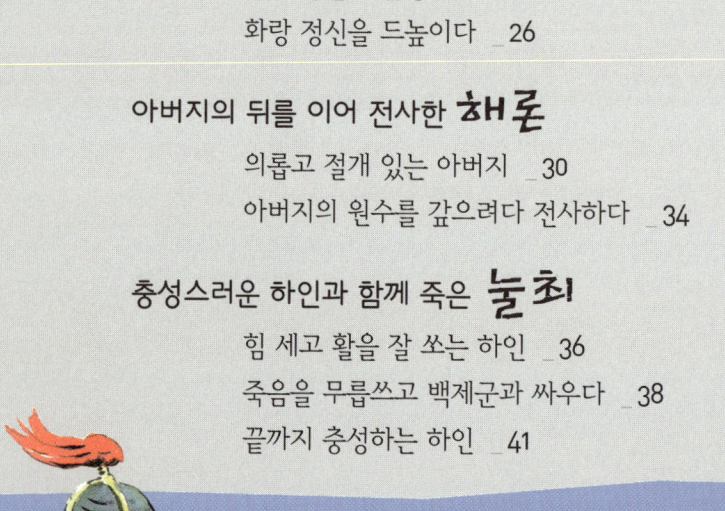

아버지의 뒤를 이어 전사한 해론
의롭고 절개 있는 아버지 _30
아버지의 원수를 갚으려다 전사하다 _34

충성스러운 하인과 함께 죽은 눌최
힘 세고 활을 잘 쏘는 하인 _36
죽음을 무릅쓰고 백제군과 싸우다 _38
끝까지 충성하는 하인 _41

심나의 아들 소나
용감한 아버지의 피를 물려받다 _44
말갈족과 맞서 싸우다 _48

푸른 대처럼 살다 간 죽죽
백제군이 쳐들어오다 _52
끝까지 싸워 이름을 빛내다 _56

죽음으로써 승리를 이끈 비령자 부자와 합절
신라군의 사기를 드높이다 _60
위기에 처한 나라를 구하다 _67

물러남을 용납하지 않은 김영윤
대를 이어 용감하게 싸우다 _70
뒤로 물러서지 않다 _74

죽어서도 굴복하지 않은 충신 필부
용감하고 믿음직한 신하 _78
목숨을 다해 충성하다 _84

용감하게 죽은 화랑 김흠운
화랑 정신을 이어받다 _86
목숨을 아끼지 않고 싸우다 _87

화랑 정신을 드높인 관창
삼국 통일을 위해 일어서다 _92
백제 장군 계백과 맞서다 _94

아버지의 명예를 되살린 화랑 원술
신라 장군 김유신의 둘째 아들 _100
아버지에게 용서받지 못하다 _103
치욕을 씻기 위해 용감히 싸우다 _104

목숨을 걸고 적진을 통과한 열기
당나라 군사들에게 위험을 알리다 _108
목숨을 걸고 적진을 향해 달리다 _112

충성스러운 취도 삼 형제
나라를 위해 군인이 되다 _114
용감히 싸우는 형제 _116

하나, 《삼국사기》는 어떻게 만들어졌나요?
둘, 《삼국사기》는 어떻게 이루어져 있나요?
셋, 《삼국사기》의 내용은 무엇일까요?
넷, 《삼국사기》를 지은 김부식은 누구일까요?
다섯, 《삼국사기》의 특징은 무엇일까요?

셋, 《삼국사기》의 내용은 무엇일까요?

《삼국사기》는 삼국과 통일신라에 관한 역사서로 본기 28권, 지 9권, 연표 3권, 열전 10권 등 총 50권으로 구성되어 있어요.

① 본기

'본기'는 주로 왕이 한 일을 중심으로 정치, 천재지변, 전쟁, 외교 등에 관한 내용을 기록하고 있어요. 본기의 내용은 시대나 나라에 따라 조금씩 비중을 달리하여 쓰여 있어요.

정치에 관한 기록은 본기 중에서 가장 많은 부분을 차지하고 있어요. 내용은 주로 많은 사람을 동원하는 기록, 민심을 살피고 백성을 돌아보기 위해 다니는 왕의 순행 기사, 관리의 임명이나 관청의 설치에 관한 기사, 조상과 하늘에 제사 드리는 종교 행사 기록 등이에요.

② 지

'지'는 전체적으로 신라 제도의 해설에 치중하였고, 특히 지리지에 가장 큰 비중을 두고 있어요. 하지만 사회의 여러 측면을 알 수 있는 풍부한 역사적 자료 때문에 소중하게 여겨지고 있어요.

③ 연표

 '연표'는 박혁거세가 즉위한 해(기원전 57)부터 경순왕 9년(935)까지를 연표 3권으로 나누어 기록하고 있어요. 중국 문헌의 연표에 재상표, 종실표, 방진표가 있는 경우와 비교해 볼 때 빈약하고 간소해 보여요.

④ 열전

 '열전'은 나라를 위해 충성하는 것을 중시했던 김부식의 생각이 그대로 담겨 있어요.

 '열전'은 총 10권으로 구성되어 있어 중국 사서들에 비하면 매우 적은 편이에요. 인물을 항목별로 나누지도 않았고, 왕후나 공주를 다룬 열전도 없어요.

 제1~3권은 김유신에 관한 내용을 기록하고 있고, 나머지 7권에 68명이 포함되어 있어요. 삼국 통일에 앞장선 김유신을 중요하게 다루어 신라 역사의 정당성을 나타냈어요.

⑤ 논찬

 '논찬'은 역사를 서술하는 사람의 생각을 적어 넣는 거예요. 내용은 예법 준칙, 유교적 덕치주의, 군신의 행동, 사대적인 예절 등이 중심이 돼요.

자신이 한 말을 책임진
석우로

석우로는 싸움터에 나가면 절대로 지지 않았습니다. 석우로는 계책이 뛰어나고 용감했습니다. 지혜와 용기를 지닌 석우로는 전쟁에 나갈 때마다 승리했지만, 말 한 마디 잘못함으로써 나라를 위험에 빠뜨리고 또한 스스로 죽음의 길로 들어서고 말았습니다.

🌸 용감하면서도 자상한 장군

석우로는 신라 제10대 내해왕의 아들이었습니다. 석우로는 조분왕 2년(231) 7월에 이찬으로서 대장군이 되었습니다.

석우로는 싸움터에 나가면 절대로 지지 않았습니다. 또한 계책이 매우 뛰어나고 용감했습니다.

처음 대장군이 되었을 때 감문국(지금의 경상북도 김천시 감문면 및 개령면)을 쳐서 정벌하는 공을 세웠습니다.

조분왕 4년(233) 7월에 왜구가 침범해 왔을 때는 사도(지금의 경상북도 포항시 영일만 일대)에서 적을 맞아 싸웠습니다. 석우로는 바람을 따라 불을 놓아서 왜구의 전함을 모두 불태웠습니다. 왜구는 물에 빠져 죽거나 뿔뿔이 흩어져 달아나고 말았습니다.

　석우로는 조분왕 15년(244) 정월에 서불한이 되고 동시에 지병마사라는 높은 자리에 올랐습니다.

조분왕 16년(245), 석우로는 북쪽 국경 지역을 침범한 고구려군과 맞서 싸웠으나 이기지 못하고 물러나게 되었습니다.

첨해왕이 즉위하던 해에는 백제에 빼앗겼던 사량벌국(지금의 경상북도 상주)을 다시 찾아오는 큰 공을 세웠습니다.

석우로는 전쟁터에서 군사들을 누구보다 아꼈습니다. 밤이 되면 몹시 추워 군사들이 벌벌 떨며 괴로워하자, 석우로는 군사들을 위로하고 손수 불을 피워 따뜻하게 해 주었습니다.

어버이가 자식을 따뜻이 보살피는 것과 조금도 다름이 없었습니다. 군사들은 모두 감격했습니다.

🌼 말실수를 책임지다

첨해왕 3년(249), 왜의 사신 갈나고가 사관(사신이 머무르는 집)에 와 있었습니다. 이 때 석우로가 주인처럼 행세하면서 사신 갈나고를 맞이하게 되었습니다.

어느 날 석우로는 사관에서 갈나고와 잡담을 나누다 무심코 이렇게 말했습니다.

"여보시오, 머지않아 당신 나라의 왕을 우리나라의 염노(소금을 만드는 사람)로 삼고, 또 왕비는 취사부(가정부)로 삼고 싶은데 당신은 어떻게 생각하시오. 하하하……."

갈나고가 자기네 나라로 돌아가 이 말을 왕에게 전했습니다.

"무엇이라고? 감히 나를 염노로 만들겠다니!"

화가 머리끝까지 치민 왜 왕은 즉시 장군을 보내 신라를 공격해 왔습니다. 갑자기 공격을 당한 신라의 첨해왕은 유촌에서 숨어 지내는 신세가 되었습니다.

'이번 전쟁은 내가 말을 조심하지 않아 일어난 것이니 내가 책임을 져야겠다.'

석우로는 이렇게 생각하고 혼자 왜구를 찾아갔습니다.

"지난번에 내가 한 말은 농담이었습니다. 그런데 어찌 이렇게까지 한단 말이오?"

석우로는 왜구를 잘 타일러 보려 했지만, 왜구는 석우로를 묶어 장작더미 위에 올려놓고 불을 질렀습니다. 석우로는 안타깝게 세상을 떠났습니다.

자신이 한 말을 책임진 **석우로**

남편의 원수를 갚다

 그 후 미추왕 때 왜의 사신이 다시 신라를 찾아왔습니다. 이때 석우로의 아내가 미추왕에게 간청해 왜의 사신에게 음식을 대접하게 되었습니다. 석우로의 아내는 술과 음식을 정성껏 바치며 기회를 노리고 있었습니다.

 석우로의 부인은 왜의 사신이 몹시 취해 비틀거리자 장정들을 시켜 마당으로 끌어 내었습니다. 그리고 꽁꽁 묶어 장작더미 위에 올려놓고 불을 질렀습니다. 지난날 남편 석우로가 당한 원한을 똑같은 방법으로 갚은 것입니다.

 이 소식을 들은 왜구는 몹시 화가 나서 또다시 신라를 쳐들어왔습니다. 그렇지만 신라에서는 미리 준비하고 있었기 때문에 왜구를 쉽게 물리칠 수 있었습니다.

 지혜와 용기를 지닌 석우로는 전쟁에 나갈 때마다 승리했지만, 말 한 마디 잘못함으로써 나라를 위험에 빠뜨리고 또한 스스로 죽음의 길로 들어서고 말았습니다.

용맹스러운 소년 화랑
사다함

사다함은 달려드는 적을 닥치는 대로 벤 다음, 성루에 올라가 창 끝에 흰 헝겊을 매달아 신라 군사들을 향해 흔들었습니다. 이것을 본 신라 군사들은 투지에 불타 일제히 돌진했습니다. 그러자 가야 군사들은 성문이 열린 줄 알고서 도망하기 시작했습니다.

나라를 먼저 생각하다

화랑 사다함은 신라 제17대 내물왕의 7대손이었습니다.

이렇듯 사다함은 명문가에서 태어난데다가 외모가 준수하고 의지가 굳어서 화랑으로 뽑혔습니다.

얼마 지나자 사다함을 따르는 낭도의 수가 무려 1000명이나 되었습니다.

진흥왕은 장군 이사부에게 가야를 치라고 명했습니다.

"이사부 장군님이 곧 가야를 치러 출정을 하신다는데 우리가 이대로 가만히 있을 수는 없지 않겠는가?"

사다함이 말했습니다. 그러자 낭도들이 저마다 소리쳤습니다.

"우리도 나가 싸우자!"

낭도들은 싸움에 나가자고 뜻을 모았습니다.

사다함은 진흥왕 앞으로 나아갔습니다.

"전하, 저희 화랑들도 이번 가야 정벌에 나갈 수 있도록 허락해 주십시오."

"뭐라고? 어린 너희들이?"

"비록 나이는 어리지만 웬만한 무술은 다 익혔습니다. 저와 저의 낭도 천 명의 소원입니다."

"오! 기특하고 장하기는 하다만……."

"나라를 위하여 힘껏 싸우겠습니다. 그리고 저희 화랑이 우리 신라 군사들에게 용기를 북돋워 주어 이번 싸움을 승리로 이끌겠습니다."

소년 화랑 사다함은 싸움터에 보내 달라고 진흥왕에게 진심으로 간청했습니다.

사다함은 화랑이 된 뒤 나라의 어려웠던 지난 일을 들어서 잘 알고 있었습니다.

특히 내물왕 이후, 왜와 고구려에게 당한 치욕을 잊을 수가 없었습니다.

내물왕 때에는 왜구가 자주 침범하여 노략질을 했습니다.

그리고 실성왕 때에는 왜의 요구로 내물왕의 왕자 미사흔을 볼모로 보내기까지 했습니다.

또 눌지왕 때에는 왜에 볼모로 가 있던 왕자 미사흔을 몰래 귀국시켰다는 죄목으로 충신 박제상이 왜에서 처참한 죽음을 당하기도 했습니다.

이런 이야기를 어른들로부터 들으면서 자라 온 사다함은 왜에 대한 적개심이 누구보다도 강했습니다.

그래서 나라의 힘을 키워 왜의 침략을 막고, 신라인의 기개를 떨쳐야 한다고 늘 다짐하고 있었습니다.

그럴 때 마침 가야 정벌을 위한 출정이 있었던 것입니다.

사다함은 이번 기회를 놓치지 않으려고 진흥왕에게 간청을

하고 나섰던 것입니다.

"네 뜻이 참으로 그렇다면 갸륵한 뜻을 꺾지 않겠노라."

진흥왕은 사다함의 결심이 굳은 것을 보고 싸움터에 나갈 것을 허락했습니다.

🌸 가야 정벌에 앞장서다

신라를 출발해 가야의 전단성 성문이 바라보이는 곳에 이르렀을 때였습니다.

사다함은 가장 친한 친구인 무관과 함께 말머리를 나란히 하고 이사부 앞에 나섰습니다.

"우리 군사들의 사기를 높이기 위하여 저희들이 앞장서는 것이 좋겠습니다. 장군님께서는 저희 화랑들을 선봉으로 내세워 주십시오."

이사부는 사다함의 용기를 높이 사고, 날쌔고 용감한 군사를 나누어 준 뒤 사다함을 선봉으로 세웠습니다.

나이 어린 사다함이 맨 앞에 달려가는 것을 본 신라 군사들의 사기는 하늘을 찌를 듯이 높았습니다.

선봉대를 이끌고 달려가면서 사다함은 무관에게 외쳤습니다.

"용감히 싸워서 꼭 이기자!"

"그래, 이기지 않고는 돌아가지 않을 거야!"

"만일 우리 둘 중에 누가 먼저 죽으면 남은 하나도 뒤따라

죽기로 하자!"

"좋아! 그런데 우리가 이기더라도 싸우다가 부상당할 수도 있잖아?"

"부상이야 치료하면 되지!"

둘은 결의에 찬 이야기를 하면서 전단성 바로 앞에 이르렀습니다. 성 위에서 돌과 화살이 비 오듯 쏟아져 내렸습니다.

"성문을 부숴라!"

"단칼에 무찔러라!"

화랑들은 물불을 가리지 않았습니다.

어린 화랑들이 피투성이가 되어 싸우는 것을 보자, 뒤에 있던 군사들이 맹렬한 기세로 돌진해 왔습니다.

그러나 가야 군사들의 저항도 만만치 않아서 쉽사리 무너지지 않았습니다.

사다함은 몇 명의 낭도들을 데리고 살짝 빠져 나와 몰래 성벽 아래로 갔습니다.

그러고는 미리 준비해 가지고 간 갈고리 밧줄을 던져 성벽 위로 타고 올라갔습니다.

다른 낭도들도 뒤따라 올라갔습니다.

사다함은 달려드는 적을 닥치는 대로 벤 다음, 성루에 올라가 창 끝에 흰 헝겊을 매달아 신라 군사들을 향해 흔들었습니다.

흰 깃발을 본 신라 군사들은 투지에 불타 일제히 돌진했습니다. 그러자 가야 군사들은 성문이 열린 줄 알고서 도망가기 시작했습니다.

성문은 삽시간에 부서지고 물밀듯 들어오는 신라 군사들이 성 안을 완전히 에워쌌습니다.

마침내 싸움은 신라의 대승리로 끝나고, 이사부의 출정군은 서라벌로 갔습니다.

화랑 정신을 드높이다

군사들이 지나는 곳마다 백성들이 몰려 나와 승리를 축하해 주었습니다. 진흥왕의 기쁨도 이루 말할 수 없었습니다.

"기특한지고! 어린 나이로 큰 공을 세웠구나!"

진흥왕은 사다함의 손을 덥석 잡고 기뻐했습니다.

"네게 가야 사람 삼백 명을 상으로 주겠노라."

"아니옵니다. 나라를 위해 할 일을 했을 뿐인데 어찌 상을 받겠습니까?"

"과인이 주는 것이니 사양 말고 받도록 하여라."

"예."

사다함은 하는 수 없이 포로로 잡혀 온 가야 사람 300명을 받았습니다. 그러나 곧 포로들을 풀어 주어 모두 고향으로 돌려보냈습니다.

진흥왕은 사다함에 관한 소식을 듣고 더욱 기특하게 여겨 이번에는 기름진 땅을 내려 주었습니다.

사다함은 이번에도 사양할 수 없어서 왕의 뜻을 받드는 시늉으로 메마른 땅만을 받았습니다.

그 뒤 사다함이 17세가 되었을 때, 목숨을 같이하자고 약속했던 친구 무관이 싸움터에서 입은 부상 때문에 결국 죽고 말았습니다.

사다함은 무관과의 약속을 지키기 위해 일 주일 동안 음식을 입에 대지 않고 통곡하다가 무관을 따라 죽고 말았습니다.

고구려나 백제보다도 힘이 약했던 신라가 삼국을 통일할 수 있었던 것은 바로 사다함과 같이 의리가 두텁고 애국심에 불타는 화랑 정신이 있었기 때문이었습니다.

아버지의 뒤를 이어 전사한
해론

백제에서는 이 소문을 듣고 많은 군사들을 가잠성으로 보내 전쟁을 준비하도록 했습니다. 이어 큰 전쟁이 벌어지게 되었습니다. 해론은 적군을 향해 힘차게 돌진해 갔습니다. 해론은 칼을 휘두르며 적을 무찌르다 장렬하게 전사했습니다.

🌼 의롭고 절개 있는 아버지

해론은 신라 모량부에서 태어났습니다. 해론의 아버지 찬덕은 용감하고 절개가 곧기로 이름이 높았습니다.

진평왕 32년(610)에 찬덕은 가잠성(지금의 경상남도 거창인 듯함) 현령이 되었습니다. 그런데 이듬해 10월에 백제군이 가잠성을 공격하기 시작했습니다.

가잠성은 조그만 성이었습니다. 군사는 적고 식량도 넉넉하지 못했습니다. 그런데 백제군은 무려 100여 일이 지나도록 밤낮없이 공격해 왔습니다. 가잠성은 바람 앞의 등불과 같이 위험했습니다.

가잠성이 위험하다는 소식을 들은 진평왕은 장수를 시켜 상주, 하주(지금의 경상남도 창녕), 신주(지금의 경기도 광주) 세 곳의 군사를 이끌고 가서 가잠성을 구하라고 명했습니다. 그러나 백제군이 너무 강해 세 곳의 군사들도 끝내 물러나고 말았습니다.

그러자 찬덕은 분통을 터뜨리며 고래고래 소리를 질러 댔습니다.

"세 주의 군사가 제대로 싸워 보지도 않고 물러가다니! 위태로운 성을 보고 의리 없이 발을 빼는구나! 의리 없이 사느니 차라리 의롭게 죽는 것이 떳떳하다."

찬덕은 저절로 한숨이 나왔습니다.

찬덕은 군사들과 함께 죽을힘을 다해 성을 굳게 지키고 있었습니다. 그러나 백제군은 물러나지 않았습니다.

가잠성 안에는 점점 식량이 떨어지고, 마실 물조차 구하기

가 어려웠습니다. 백성들은 굶주리고 목이 말라 아우성이었습니다. 군사들도 지쳐서 하나 둘 쓰러져 갔습니다.

그러나 찬덕은 결코 항복을 하지 않았습니다. 배가 고프기는 마찬가지였지만 그럴수록 마음을 더 굳게 먹었습니다.

다음 해 정월이 되자 백성과 군사는 지칠 대로 지쳐 있었습

니다. 이제는 도저히 더 이상 버틸 수가 없게 되었습니다.

마침내 가잠성이 함락되려 하자 찬덕은 하늘을 향해 큰 소리로 울부짖었습니다.

"우리 임금님께서 맡기신 성을 보전하지 못하고 빼앗기게 되었구나. 아아! 분하고 원통하도다. 내 죽어 귀신이 돼서라도 반드시 오늘의 이 원수를 갚으리라. 기어코 이 성을 되찾고 말 겠노라!"

찬덕은 너무도 원통하여 미친 듯이 눈을 부릅뜨고 두 팔을 휘두르며 달려가다 느티나무에 부딪혀 죽고 말았습니다. 가잠성은 함락되고 남은 사람들은 항복을 했습니다.

아버지의 원수를 갚으려다 전사하다

해론은 20세에 아버지 덕분에 대내마란 벼슬에 올랐습니다.

진평왕은 해론을 불러 금산(지금의 경상북도 김천시 개령) 당주로 삼았습니다. 그리고 한산주군 도독 변품과 함께 군사를 일으켜 가잠성을 되찾도록 명했습니다.

신라가 가잠성을 쳐들어올 계획을 세우고 있다는 소문을 들은 백제에서는 많은 군사들을 가잠성으로 보내 싸움을 준비하도록 했습니다. 이어 큰 싸움이 벌어지게 되었습니다.

이 때 해론은 싸움터로 나아가기에 앞서 여러 장수들에게 다짐했습니다.

"가잠성은 나에게는 피맺힌 땅이다. 일찍이 우리 아버님이 여기서 돌아가셨다. 나 또한 이제 백제군과 싸우게 되었으니, 오늘은 바로 내가 죽는 날이다. 아버님의 뒤를 이어 원수를 갚으리라! 자, 나가자!"

해론은 적군을 향해 힘차게 돌진해 갔습니다. 해론은 칼을 휘두르며 적을 무찌르다 장렬하게 전사했습니다.

진평왕은 해론이 죽었다는 소식에 눈물을 흘리며, 해론의 가족들을 잘 돌봐 주도록 일렀습니다. 신라 백성들도 해론의 죽음을 슬퍼했습니다.

충성스러운 하인과 함께 죽은
눌최

이 때 백제 군사 한 명이 눌최에게 달려들었습니다. 순간 눌최는 비명 소리를 지르며 쓰러지고 말았습니다. 주인이 쓰러지는 것을 본 하인은 몸을 날려 눌최를 품에 안았습니다. 눌최의 하인은 죽은 주인을 품에 안고 조용히 숨을 거두었습니다.

🌼 힘 세고 활을 잘 쏘는 하인

눌최는 신라 사량부 사람으로 대내마 도비의 아들이었습니다. 눌최에게는 여러 명의 하인이 있었습니다. 그 가운데 특히 힘이 세고 활을 잘 쏘는 하인이 있었습니다.

어찌나 힘이 센지 큰 황소를 쉽게 자빠뜨릴 수가 있었습니다. 또 활을 쏘는 솜씨도 뛰어나 날아가는 새의 머리를 꿰뚫을 정도였습니다.

활을 쏘는 하인의 모습을 지켜본 사람들이 말했습니다.

"여보게, 눌최. 하인은 그저 주인의 말을 잘 듣고 충실해야 되네. 그러지 않고 재주가 뛰어나면, 반드시 무슨 탈을 내고 말게야. 하인이 힘이 세고 활을 잘 쏘아서 무엇을 한단 말인가? 뒷날에 화근이 될지 모르니, 그런 하인은 아예 멀리 보내 버리게."

하지만 눌최의 생각은 달랐습니다. 눌최는 결코 다른 사람들의 말에 귀를 기울이지 않았습니다.

'하인이라고 하지만, 다 같은 사람이 아닌가. 비록 하인일지라도 얼마든지 뛰어난 재주를 지닐 수가 있고, 훌륭한 일을 할 수 있지.'

눌최는 하인의 재주를 아꼈습니다.

죽음을 무릅쓰고 백제군과 싸우다

진평왕 45년(624) 10월이었습니다. 이 무렵 신라는 서쪽에 이웃해 있는 백제와 전쟁이 끊이지 않았습니다.

또다시 백제가 군사를 크게 일으켜 신라를 침략해 왔습니다. 백제는 여러 곳으로 군사를 나누어 눌최가 지키는 성 여섯 곳을 포위하고 공격해 왔습니다.

진평왕은 상주, 하주, 귀당, 법당, 서당의 5군에서 군사들을 보내 지원하도록 했습니다.

신라 5군의 군사들이 드디어 전쟁터에 도착했습니다. 그런데 사기가 충천한 백제군을 마주 본 신라군은 도저히 백제군의 기세를 꺾을 수가 없을 것 같았습니다.

신라군은 섣불리 나아가지도 못하고, 그렇다고 맥없이 물러날 수도 없고 해서 매우 난처했습니다.

그 때 신라 장수 한 사람이 소리쳤습니다.

"여러분, 내 말을 좀 들어 보십시오. 우리 대왕께서 5군을 보내어 싸우라고 했으니, 나라의 운명이 이 전쟁에 달렸다고 생각합니다. 병법에 이르기를 '해 볼 만하면 나아가고, 어려울 것 같으면 물러나야 한다'고 했습니다. 그런데 지금 생각했던 것보다 막강한 적이 우리 앞에 있으니, 어찌 하면 좋겠소?"

장수들은 대부분 후퇴하는 것이 옳다고 여기고 있었습니다. 하지만 왕의 명을 받아 군사를 출동시킨 이상 그대로 물러날 수는 없었습니다.

5군의 군사들을 이끌고 온 장수들은 빨리 전쟁터를 벗어나고 싶었습니다. 그러나 그냥 후퇴하기가 마음에 걸려서 지난

날 못다 쌓은 성들을 쌓기로 했습니다. 대강대강 성을 쌓던 군사들은 며칠 후 모두 돌아가고 말았습니다.

 도움을 주러 온 신라군이 돌아갔다는 소식을 듣고 의기양양해진 백제군은 더욱 사나운 기세로 여섯 성을 공격했습니다. 무참한 공격을 받아 성 세 곳이 순식간에 항복하거나 잿더미가 되고 말았습니다. 다만 나머지 세 성만 눌최가 죽을힘을 다해 지키고 있었습니다.

 눌최는 5군이 자기들을 구원하지 않고, 성만 건성건성 쌓다가 돌아가 버렸다는 소식에 매우 화가 났습니다.

 눌최는 뜨거운 눈물을 머금으며 군사들을 향해 부르짖었습니다.

 "따뜻한 봄 화창한 날씨에는 모든 초목이 다 싱싱하고 화사하게 마련이다. 하지만 겨울이 되면 오직 소나무와 잣나무만이 푸르게 남아 있게 된다. 이것은 무엇을 말해 주는가? 지금 우리는 외로운 성에 갇혀 갈수록 위험이 닥쳐오고 있다. 이제야말로 사나이 대장부의 의리와 용기를 떨쳐 보일 때가 아닌

가. 그대들은 장차 어찌 하려는가?"

"지금 저희들은 죽음이 두렵지 않습니다. 명령대로 따르겠습니다."

죽음을 각오한 군사들은 백제군과 맞붙어 싸웠습니다. 그러나 수가 적은 눌최의 군사들은 도저히 백제의 대군을 당해 낼 수가 없었습니다.

성이 무너질 때쯤에는 신라 군사는 겨우 몇 사람밖에 남지 않았습니다. 남은 몇 사람은 죽음을 두려워하지 않고 끝까지 싸웠습니다.

끝까지 충성하는 하인

눌최도 마지막 순간까지 싸웠습니다. 끝내 성이 무너지고 백제군이 성난 파도같이 들이닥쳤습니다.

그 순간 힘 세고 활 잘 쏘는 하인이 눌최의 앞을 가로막고 백제군을 향해 활을 쏘았습니다. 백발백중, 그야말로 하나도 빗

나가지 않고 적을 쓰러뜨렸습니다.

조금 뒤, 백제 군사가 눌최에게 달려들었습니다. 그 순간 눌최는 비명을 지르며 쓰러지고 말았습니다.

주인이 쓰러지는 것을 본 하인은 몸을 날려 눌최를 품에 안았습니다.

"주인님! 주인님! 정신 차리십시오!"

이 말이 채 끝나기도 전에 백제 군사들이 몰려와 칼을 휘둘렀습니다.

눌최의 하인은 죽은 주인을 품에 안고 조용히 숨을 거두었습니다.

심나의 아들
소나

심나가 휘두른 칼에 수십 명이 쓰러졌습니다. 심나의 이런 모습을 본 백제군은 겁을 먹어 감히 덤벼들지 못하고 멀리 달아나 버리고 말았습니다.
소나는 그런 아버지의 피를 받고 세상에 태어났습니다. 아버지 못지않은 힘과 용기를 지녀 소나는 자랄수록 많은 사람들이 우러러보았습니다.

🌸 용감한 아버지의 피를 물려받다

신라의 소나(혹은 금천이라고도 함)는 심나(혹은 황천이라고도 함)의 아들로 백성군 사산(지금의 충청북도 청원군 직산)에서 태어났습니다.

사람들은 아버지를 빼닮은 소나가 장차 큰 인물이 될 것으로 믿었습니다.

소나의 아버지 심나는 나라 안에서 견줄 사람이 없을 만큼 힘이 세고 몸이 날쌨습니다.

사산은 백제 땅과 국경을 이루는 곳이었습니다. 백제와 신라는 틈만 있으면 서로 침범하려고 했기 때문에 전쟁이 끊이지 않았습니다.

그럴 때면 심나는 늘 나가서 싸웠는데, 심나가 나타나기만 하면 적군은 도망치기에 바빴습니다.

또한 심나가 가는 곳마다 튼튼했던 백제군의 진지가 무너졌습니다.

신라 제27대 선덕 여왕 때였습니다. 신라가 백성군에서 군사를 뽑아 백제의 변방 마을을 침범한 적이 있었습니다. 그러자 백제에서는 재주가 출중한 군사들을 출동시켜 사납게 공격해 왔습니다.

백제 군사들의 공격에 신라 군사들이 뒤로 밀려나고 있었습니다.

이 때 심나는 칼을 빼어 들고 성난 눈으로 크게 꾸짖으며 적군을 가로막았습니다.

"네 이놈들! 오늘이 네놈들의 제삿날인 줄 알렷다! 목을 늘

여 내 칼을 받아라!"

심나가 휘두른 칼에 수십 명이 쓰러졌습니다. 심나의 이런 모습을 본 백제군은 겁을 먹어 감히 덤벼들지 못하고 멀리 달아나 버리고 말았습니다.

"심나는 신라의 귀신 같은 장수다. 심나가 살아 있는 동안 백성군에는 절대로 가까이 가지 말도록 하라."

백제 군사들 사이에는 이런 소문이 쫙 퍼졌습니다.

소나는 그런 아버지의 피를 받고 세상에 태어났습니다. 아버지 못지않은 힘과 용기를 지녀 소나는 자랄수록 많은 사람들이 우러러보았습니다.

심나의 아들 소나 47

백제가 멸망한 뒤, 한주 도독 유공이 소나의 명성을 들었습니다. 한주 도독은 왕에게 청하여 소나를 아달성으로 보내 주도록 했습니다. 아달성은 말갈족과 국경을 이룬 북쪽 변방인데 소나에게 그 곳을 지키게 했습니다.

말갈족과 맞서 싸우다

문무왕 15년(675) 봄이었습니다. 아달성 태수 한선이 어느 날 백성들을 불러 놓고 말했습니다.

"며칠 뒤면 모두 밭에 나가 삼을 심어야 하느니라. 따라서 그 날이 오면 한 사람도 빠짐없이 밭으로 나와야 하니 잊지 말라."

그 때 백성들 틈에 말갈족의 첩자가 끼어 있었습니다. 첩자는 급히 자기네 나라로 돌아가 자신이 보고 들은 내용을 추장에게 알렸습니다.

백성들이 모두 성을 나와 밭에서 한창 일을 하고 있을 때였습니다. 이 틈을 노려 말갈족이 쳐들어왔습니다.

말갈족은 군사를 이끌고 성 안으로 쳐들어가 노략질을 했습니다. 닥치는 대로 불을 지르고 칼을 휘두르며 재물을 빼앗았습니다.

성 안에 남아 있던 노인과 어린아이들은 아우성만 치고 있었습니다.

이 때 성 밖에서 소문을 들은 소나가 번개같이 달려들어 왔습니다.

"이놈들! 신라에 심나의 아들 소나가 있다는 사실을 모르느냐? 나는 죽기를 두려워하지 않는다. 싸우고 싶은 자가 있으면 어서 빨리 나와라. 왜 아무도 나오지 않느냐?"

소나는 우렁찬 목소리로 호통을 쳤습니다.

소나는 사나운 기세로 적진을 향해 돌진했습니다. 적은 감히 다가오지 못하고, 화살만 날려 보내고 있었습니다.

소나는 그에 맞서 활을 쏘았습니다.

양쪽에서 쏘아 대는 화살이 벌 떼처럼 새까맣게 하늘을 덮

었습니다. 아침 해가 뜰 때 벌어진 싸움이 해질 때가 되도록 끝나지 않고 있었습니다.

소나의 온몸에는 화살이 고슴도치 털처럼 꽂혀 있었습니다. 안간힘을 쓰며 버티던 소나는 마침내 그 자리에 쓰러지고 말았습니다.

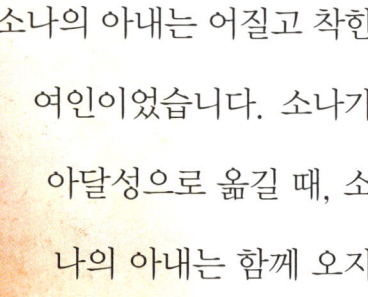

소나의 아내는 어질고 착한 여인이었습니다. 소나가 아달성으로 옮길 때, 소나의 아내는 함께 오지

않았습니다.

　아달성이 워낙 위험해 안전한 곳에 그냥 머물러 있었던 것입니다. 한 고을에 사는 사람들은 소나가 죽었다는 소식을 듣고 소나의 아내를 찾아가 위로했습니다. 소나의 아내는 슬피 울며 말했습니다.

　"남편이 늘 이렇게 말했답니다. '대장부가 되어 이 세상에 태어나면 나라를 위해 전쟁터에서 죽어야 할 것이다. 자리에 누워 집안 사람들의 병간호를 받다 죽어서야 어찌 장부라고 하겠는가?' 그러니 이제 남편은 자신의 뜻대로 했을 따름이지요."

푸른 대처럼 살다 간
죽죽

"그대의 말이 옳은지도 모르오. 그러나 내 아버님이 왜 나의 이름을 대나무 '죽' 자 죽죽(竹竹)이라고 지었는지 아시오? 추운 겨울에도 시들지 않고 늘 푸른 대나무처럼 살라고 지어 주신 이름이오. 그런데 어찌 죽음을 두려워하여 항복한단 말이오? 나는 끝까지 싸우겠소."

🌼 백제군이 쳐들어오다

죽죽은 신라 대야주(지금의 경상남도 합천) 사람이었습니다. 죽죽의 아버지 학열은 찬간이란 벼슬을 지냈습니다.

제27대 선덕 여왕 때, 죽죽은 사지(신라 때의 벼슬 이름으로 제17관등 중 제13위)가 되어 대야성 도독 김품석의 밑에서 일을 도왔습니다.

선덕 여왕 11년(642) 8월이었습니다. 백제의 장군 윤충이 어느 날 갑자기 쳐들어와 성을 에워싸고 공격하기 시작했습니다.

그런데 이에 앞서 사지로 있던 검일이 도독 김품석에게 깊은 원한을 품고 있었습니다. 왜냐하면 김품석이 한때 검일의 아름다운 아내를 빼앗으려고 한 적이 있었기 때문입니다.

그래서 검일은 백제 군사들과 손을 잡고 김품석에게 앙갚음을 할 계획을 세웠습니다.

검일은 성 안을 돌아다니며 몰래 불을 질렀습니다. 성 안이 온통 시끄럽고 뒤숭숭했습니다.

"신라가 진다. 백제의 군사는 10만도 넘는다."

검일은 이렇게 헛소문을 퍼뜨렸습니다. 그 때문에 성 안의 백성들은 초조하고 불안해했습니다. 싸워 보기도 전에 달아나거나 항복하려는 사람들도 많아졌습니다.

그러자 김품석의 부하 장수인 서천이 성 위에 올라가 적군을 향해 소리 높여 말했습니다.

"만일 우리를 죽이지 않겠다고 약속한다면 성문을 열고 항복하겠소."

백제 군사를 이끄는 윤충은 크게 기뻐했습니다.

"참으로 반가운 일이오. 지금 항복을 한다면 한 사람도 다치지 않도록 보호해 줄 것이오."

서천은 윤충이 한 말을 믿고 김품석과 여러 군사들을 둘러보며 말했습니다.

"백제 군사들이 저렇게 많은데, 우리가 어찌 대적하여 싸우겠소? 차라리 항복을 하는 것이 백성을 살리는 길이 아니겠소? 성문을 열고 항복하도록 합시다."

그런데 이 때 죽죽이 나타났습니다.

"무슨 소리요? 백제는 신의가 없고 변덕이 심한 나라라 믿을 수가 없소. 윤충이 한 말은 달콤한 속임수요. 어찌 그 말을 믿으려고 하오? 만일 성을 나가면 모두 적에게 사로잡히게 될 것이오. 구차스럽게 목숨을 구하기보다는 차라리 힘껏 싸우다 죽는 것이 떳떳하지 않겠소?"

"……."

김품석은 죽죽의 말을 귀담아듣지 않고, 성문을 열어 군사들을 먼저 성 밖으로 나가게 했습니다.

그러자 숨어 있던 백제 군사들이 갑자기 들이닥쳐 신라 군사들을 모조리 죽이는 것이었습니다. 이것을 본 김품석은 아내와 자식을 죽인 뒤 스스로 목숨을 끊었습니다.

끝까지 싸워 이름을 빛내다

죽죽은 남은 군사들을 모아 다시 성문을 닫아걸고 힘껏 싸웠습니다. 하지만 의기양양해진 백제 군사들을 도저히 이길 수가 없었습니다.

마침내 성이 함락될 위태로운 지경에 이르렀습니다. 그러자

한 장수가 말했습니다.

"백제 군사들이 저렇듯 강하니 도저히 성을 지킬 수가 없을 것 같소. 헛되이 죽기보다는 때를 기다리는 것이 좋을 듯하오. 항복하는 것이 어떻겠소?"

죽죽은 숨을 가다듬고 입을 열었습니다.

"그대의 말이 옳은지도 모르오. 그러나 내 아버님이 왜 나의 이름을 대나무 '죽(竹)' 자를 써서 죽죽이라고 지었는지 아시오? 추운 겨울에도 시들지 않고 늘 푸른 대나무처럼 살라고 지어 주신 이름이오."

죽죽은 깊은 숨을 몰아쉬고는 계속해서 말했습니다.

"남에게 꺾임을 당할지언정 굴복해서는 안 된다는 뜻을 지키라고 하신 것이오. 그런데 어찌 죽음을 두려워하여 항복한단 말이오? 나는 끝까지 싸우겠소."

결국 큰 싸움이 벌어진 끝에 성이 함락되고 말았습니다.

죽죽은 이름처럼 장렬한 최후를 맞이했습니다.

선덕 여왕은 이 소식을 듣고 슬퍼하며 죽죽에게 높은 벼슬을 내렸습니다. 또한 죽죽의 아내와 자식에게는 상을 주어 도읍으로 옮겨 살게 했습니다.

죽음으로써 승리를 이끈
비령자 부자와 합절

수십 명의 백제 군사들을 찌르고 베며 쳐들어가던 비령자의 늠름한 모습이 어느 순간에 말 아래로 떨어지고 말았습니다. 신라 군사들의 입에서 탄성이 터져 나왔습니다. 바로 그 때, 비령자의 아들 거진이 말에 뛰어올랐습니다. 합절은 급히 달려가서 말고삐에 매달리며 말했습니다.

신라군의 사기를 드높이다

신라 제28대 진덕 여왕이 왕위에 오르던 해(647)에 백제의 많은 군사들은 신라의 성을 공격해 왔습니다.

김유신은 1만여 명의 신라군을 이끌고 백제군을 막으려고 했습니다. 그러나 백제군의 기세가 만만치 않아 신라군은 힘을 쓰지 못했습니다.

싸울수록 불리해지자 신라 군사들의 사기는 땅에 떨어지고 말았습니다. 그래서 백제 군사들이 함성만 질러도 신라군은 도망치려고 했습니다.

김유신은 걱정이 태산 같았습니다.

곰곰이 생각하고 있던 김유신은, 문득 부하 장수 비령자가 생각났습니다. 용감하고 충성심이 강한 비령자는 앞장서서 백제군 깊숙이 쳐들어가 싸울 수 있는 사람이었습니다.

김유신은 비령자를 급히 불렀습니다.

"지금 우리 신라 군사는 사기가 바닥까지 떨어졌소. 그래서 사정이 아주 급박하게 되었소. 이런 상태로 다시 싸운다면 질 수밖에 없소. 그대가 아니면 누가 우리 군사들의 마음에 용기를 심어 줄 수 있겠소?"

김유신은 자기의 마음을 넌지시 비쳐 보였습니다. 그리고 술잔을 권했습니다. 비령자는 두 번 절하고 나서 술잔을 받았습니다.

"저도 같은 생각을 하고 있었습니다. 죽음으로써 장군의 뜻에 보답하겠습니다."

비령자는 단숨에 술잔을 비웠습니다.

김유신은 비령자의 손을 힘껏 잡았습니다.

"내 뜻을 알아주니 참으로 고맙구려. 나는 그대만을 믿겠소."

자신의 막사로 돌아온 비령자는 하인 합절을 불렀습니다.

"너는 내 말을 잘 듣고 어김없이 그대로 시행하여라. 오늘 나는 나라를 위해 죽을 것을 김유신 장군과 약속했다. 내 아들 거진이가 이 사실을 안다면 아직 나이는 어리지만 용감한 아이여서 반드시 아비를 따라 죽으려 할 것이다. 부자가 함께 죽는다면 남은 집안 사람들은 장차 누구를 믿고 살아가겠느냐? 그러니 너는 거진과 함께 내 시체를 거두어 돌아가서 아내의 마음을 위로하도록 하여라. 내 말을 알아듣겠느냐?"

합절은 주인의 비장한 말을 듣고 눈물을 흘리며 고개를 끄덕였습니다.

"됐다! 그럼 뒷일은 네게 부탁한다."

비령자는 말에 올라 창을 들고 쏜살같이 달려갔습니다.

이미 죽음을 각오한 비령자는 적진 깊숙이 거침없이 말을 달렸습니다. 그것을 본 신라 군사들은 손에 땀을 쥐고 바라보았습니다.

수십 명의 백제 군사들을 찌르고 베며 쳐들어가던 비령자의 늠름한 모습이 어느 순간에 말 아래로 사라지고 말았습니다.

"저럴 수가……."

신라 군사들의 입에서 탄성이 터져 나왔습니다. 바로 그 때, 비령자의 아들 거진이 말에 뛰어올랐습니다. 합절은 급히 달려가서 말꼬리에 매달리며 말했습니다.

"이러시면 안 됩니다. 도련님! 주인님께서 떠나시기 전에 소인에게 이르신 말씀이 있습니다. 도련님과 같이 주인님의 시체를 잘 거두어 집으로 돌아가 마님을 위로하라 말씀하셨습

니다. 지금, 도련님은 아들로서 어버이의 명을 어기시려고 하고 계십니다. 이것은 효도라고 할 수가 없습니다."

합절이 말꼬리를 붙잡고 늘어지며 나가지 말라고 애걸했습니다.

"썩 놓지 못하겠느냐? 아버지의 죽음을 보고도 구차스럽게 사는 것을 어찌 효도라 할 수 있단 말이냐?"

거진은 소리를 지르며 채찍을 들어 말의 등을 내리쳤습니다. 그러나 합절이 말꼬리에 매달려 있기 때문에 말은 소리치며 뛰어오를 뿐, 앞으로 나아가지 못했습니다.

"마님을 생각하십시오. 홀로 남은 마님을 위로하지 않으시는 것을 어찌 효도라 하시겠습니까?"

거진은 칼을 쳐들며 합절에게 호령했습니다.

"이놈! 썩 비키지 않으면 너를 베겠다."

그러나 합절은 주인의 명을 받들기 위해 한사코 말꼬리를 잡고 놓아 주지 않았습니다.

"에잇!"

기합 소리와 함께 거진의 칼이 말꼬리를 잡은 합절의 팔을 내리쳤습니다. 그러고는 적진을 향해 번개처럼 달려나갔습니다.

백제군의 진지에서는 한바탕 소란이 벌어졌습니다.

"나의 아버지를 죽인 놈들아, 내 칼을 받아라!"

거진이 소리치며 달려들었지만, 많은 적을 혼자 상대할 수는 없는 일이었습니다.

이를 악물고 싸우던 거진은 백제군의 창에 찔려 말 아래로 굴러 떨어지고 말았습니다.

거진이 용감하게 싸우는 것을 보고 있던 합절이 칼을 높이 쳐들며 소리쳤습니다.

"두 주인이 모두 죽고, 주인어른의 분부도 받들지 못했으니 어찌 살아서 마님을 뵈오리오."

합절은 달려나가 백제군과 싸웠습니다. 한쪽 팔밖에 없는 합절은 죽을힘을 다해 칼을 휘둘렀습니다. 그러나 합절 역시 주인을 따라 죽고 말았습니다.

위기에 처한 나라를 구하다

세 사람의 죽음을 지켜보던 신라 군사들의 가슴이 감격과 복수심으로 끓어오르기 시작했습니다.

"나가서 싸웁시다."

"세 사람의 장한 죽음을 헛되이 할 수 없습니다. 우리가 원수를 갚겠습니다!"

장수들과 군사들이 너나할것없이 크게 소리쳤습니다. 이 순간을 기다리고 있던 김유신은 군사들 앞에 우뚝 섰습니다.

"공격 개시! 북을 울려라!"

김유신의 입에서 하늘을 찌를 듯한 호령이 떨어졌습니다.

"와아! 와아!"

천둥 소리 같은 신라군의 함성이 일어났습니다. 둥둥둥, 북소리가 울려 퍼졌습니다.

이제 신라 군사들은 죽음을 두려워하지 않았습니다. 신라 군사들의 가슴은 복수심으로 활활 불타오르고 있었습니다. 나라를 위해 싸우다 죽겠다는 생각뿐이었습니다.

죽기를 각오한 신라군의 기세를 백제군은 당해 내지 못했습니다. 성난 파도처럼 밀려오는 신라군 앞에 백제군은 허둥지둥 무너지기 시작했습니다.

수많은 백제군이 목숨을 잃고, 싸움은 마침내 신라군의 승리로 끝났습니다.

김유신은 군사들에게 비령자 부자와 합절의 시체를 찾아 오라고 명했습니다. 군사들이 세 사람의 시체를 찾아 왔습니다. 김유신은 세 사람을 나란히 눕히고 그 위에 옷을 덮어 준 후

통곡했습니다.

"이 싸움의 승리는 그대들의 충성스러운 죽음이 가져다 준 것이오. 이 영광을 그대들에게 드리니, 부디 편안히 눈을 감으소서."

김유신과 신라 군사들은 모두 눈물을 흘렸습니다.

이 소식을 들은 진덕 여왕 또한 눈물을 흘리며 감격했습니다.

"나라의 충신이로다!"

진덕 여왕은 세 사람을 후하게 장사 지내 주었습니다. 그리고 비령자의 가족과 모든 친족들에게도 상을 내려 위로했습니다.

물러남을 용납하지 않은
김영윤

고구려의 장군이었던 실복이 보덕성에 진을 치고 반란을 일으켰습니다. 신문왕은 김영윤을 황금서당 보기감(벼슬 이름)으로 삼아 보덕성을 토벌하도록 명했습니다. 말을 마친 김영윤은 곧장 말을 몰아 적진으로 쳐들어가 지쳐 쓰러질 정도로 싸우다 끝내 목숨을 잃고 말았습니다.

🌼 대를 이어 용감하게 싸우다

김영윤은 신라 사량부 사람으로 이름난 화랑 반굴의 아들이었습니다. 또 김영윤의 할아버지는 흠춘으로 진평왕 때 화랑이 되어 크게 이름을 떨쳤습니다.

흠춘은 인정이 많고 다른 사람을 속일 줄을 몰랐습니다. 또한 그에 못지않게 용기 있는 사람이었습니다.

태종 무열왕 7년(660), 당나라 장수 소정방이 많은 군사들을 이끌고 백제를 공격했을 때였습니다. 신라에서는 흠춘이 김유신을 따라 군사 5만 명을 이끌고 동쪽에서 공격해 들어갔습니다.

몹시 무더운 어느 여름철이었습니다. 흠춘은 황산벌(지금의 충청남도 논산시 연산)에서 백제의 계백과 맞부딪치게 되었습니다.

계백은 용맹스러운 장군이었습니다. 계백의 부하들도 모두 목숨을 내걸고 용감하게 싸우고 있었습니다. 신라 군사들은 쫓기고 있었습니다.

그 때 흠춘은 아들 반굴을 불렀습니다.

"내 말을 새겨듣도록 하여라. 신하가 되어서는 충성이 첫째요, 자식이 되어서는 효도가 으뜸이니라. 그러니 네가 앞장서서 힘껏 싸워 보는 것이 어떻겠느냐?"

"예, 아버님 말씀대로 하겠습니다. 소자는 아버님의 가르침을 받들어 나라를 위해 목숨을 바치겠습니다."

반굴은 아버지께 큰절을 올리고 나서 혼자서 적진으로 달려갔습니다. 반굴은 용감하게 싸우다 목숨을 잃었습니다. 반굴

의 희생을 바라보던 신라 군사들은 용기를 얻어 단숨에 백제 군사를 무찔러 버렸습니다.

그런 할아버지와 아버지의 피를 이어받은 김영윤은 어린 시절부터 명예와 절개를 으뜸으로 여겼습니다.

신라 제31대 신문왕 때의 일이었습니다. 고구려의 장군이었던 실복이 보덕성에 진을 치고 반란을 일으켰습니다.

신문왕은 김영윤을 황금서당 보기감(벼슬 이름)으로 삼아 보덕성을 토벌하도록 명했습니다.

싸움터로 떠나면서, 김영윤은 여러 사람들 앞에서 맹세했습니다.

"두고 보오. 이번 싸움에 나가면, 나는 결코 그대들을 부끄럽게 하지는 않을 것이오."

뒤로 물러서지 않다

김영윤은 부리나케 싸움터로 달려갔습니다. 상대편 진지에 실복의 모습이 보였습니다. 기세가 등등한 실복은 결코 만만한 상대가 아니었습니다. 여간 해선 이기기가 어려울 것 같았습니다.

그 때 부하 가운데에서 한 사람이 꾀를 내어 말했습니다.

"지금 저 흉한 무리들은 마치 제비가 천막 위에 깃들고, 고기가 가마솥에서 노는 것과 같습니다. 그러니 하루살이 목숨인 양 기를 쓰고 싸우려 들 것입니다. 옛말에도 '궁지에 몰린 도둑은 쫓지 말라'고 했습니다. 좀 물러나서 적이 아주 지칠

때까지 기다렸다 쳐야 합니다. 그러면 피를 한 방울도 흘리지 않고 모조리 사로잡을 수가 있지 않겠습니까?"

다른 장수들은 그 말을 듣고 주춤하면서 모두 잠시 물러가 있었습니다.

하지만 김영윤만은 다른 장수들을 따르지 않고 홀로 싸우려고 했습니다.

그러자 옆에 있던 부하 한 사람이 김영윤에게 말했습니다.

"지금 여러 장수들이 물러간 것은 죽음이 두려워서가 아니옵니다. 이는 장차 기회를 엿보다 유리할 때 적을 쳐부수기 위해서일 뿐입니다. 그런데 장군께서 혼자 나아가 싸우시려고 한다면, 목숨만 헛되이 버리는 것이 아니겠습니까?"

그러나 김영윤은 결코 자신의 뜻을 굽히지 않았습니다.

"전쟁에 나아가 용맹하게 싸우지 않는다면 천하의 부끄러움을 살 따름이다. 오직 나아감이 있을 뿐이고 물러섬이 없어야 한다. 이것이 대장부의 떳떳한 행동이 아니겠는가? 대장부는 일을 당하게 되면 스스로 판단하고 결정해야 한다. 어찌 여러 사람이 한다고 해서 그대로 따를 수가 있겠는가?"

 말을 마친 김영윤은 곧장 말을 몰아 적진으로 쳐들어가 지쳐 쓰러질 정도로 싸우다 끝내 목숨을 잃고 말았습니다.

"아아, 과연 그 아버지에 그 아들이로다. 길이 길이 빛날지어다……."

사람들은 김영윤의 죽음을 안타까워했습니다.

죽어서도 굴복하지 않은 충신
필부

필부는 군사들과 백성들을 모아 놓고 두 주먹을 불끈 쥐고 소리 높이 외쳤습니다. 필부의 말에 부상한 군사들까지 아픈 몸을 일으켜 활을 잡고 싸웠습니다. 하지만 오랜 전쟁에 시달린 군사들은 이미 반 이상이 죽거나 큰 부상을 입고 있었습니다. 필부는 비 오듯 쏟아지는 화살을 온몸에 맞고 쓰러졌습니다.

용감하고 믿음직한 신하

필부는 신라 제29대 태종 무열왕 때 사람으로 아찬 존대의 아들로 태어났습니다.

필부는 용기와 지혜가 뛰어나고 절개가 굳어 많은 사람들의 존경을 받고 있었습니다.

그 무렵 백제와 고구려와 말갈족은 서로 동맹을 맺고 신라를 공격할 준비를 하고 있었습니다.

나라가 매우 위태로워지자 태종 무열왕은 충성스럽고 용감한 인재 가운데 적을 막아 낼 만한 사람으로 필부를 불러 고구려와 국경 지대에 있는 칠중성(지금의 경기도 적성)을 지키라고 명했습니다.

　태종 무열왕은 필부를 칠중성으로 보내면서 간곡히 당부했습니다.

　"칠중성은 외로운 성이지만, 예로부터 매우 중요한 곳이오. 공이라면 능히 그 곳을 지킬 수 있으리라 믿소. 공은 부디 나라를 위해 충성을 다해 주길 바라오."

　"예, 이 목숨이 다하도록 칠중성을 끝까지 지키겠사옵니다. 안심하소서."

　필부는 태종 무열왕에게 충성을 맹세했습니다.

　"그대만 믿겠소."

　필부는 칠중성에 속한 한 고을의 현령이 되었습니다.

　필부는 성벽을 더욱 튼튼히 고치고, 군사들을 부지런히 훈련시켰습니다. 어떤 무서운 적이 침입하더라도 막아 낼 수 있도록 모든 준비를 게을리하지 않았습니다.

그런 중에 태종 무열왕 7년(660)에 신라는 당나라의 도움을 받아 백제를 멸망시켰습니다. 백제가 멸망하자 고구려는 더욱 신라를 미워했습니다.

그 해 10월 고구려는 군사를 일으켜 국경을 넘어왔습니다. 물밀듯이 쳐들어온 고구려 군사들은 칠중성을 에워싸고 맹렬한 기세로 공격하기 시작했습니다.

고구려군의 고함 소리가 하늘과 땅을 갈라놓을 것처럼 울려 퍼졌습니다. 그리고 성 안까지 화살이 비 오듯 쏟아져 내렸습니다.

하지만 필부는 성문을 굳게 닫고 용감히 맞서 싸웠습니다.

전투는 날마다 벌어졌습니다.

그렇게 어느 쪽도 물러나지 않은 채 20일이나 흘러갔습니다.

피로에 지친 군사들을 생각한 듯 고구려 장군이 중얼거렸습니다.

"안 되겠다. 신라 군사들이 목숨을 걸고

싸우니 성을 빼앗기가 어렵겠다. 이러다가 우리 군사들만 상할 테니 그만 물러나는 것이 상책이다."

이 때 고구려군과 내통하고 있던 비삽이란 벼슬아치가 몰래 사람을 보내어 신라군의 상황을 일러바쳤습니다.

"성 안에는 지금 식량도 떨어지고 군사들도 지쳐 있습니다. 한 번만 더 크게 공격을 하면 항복을 하고 말 것이오."

이에 용기를 얻은 고구려군은 다시 맹렬히 공격을 해 왔습니다.

그러나 필부는 죽기를 무릅쓰고 싸웠습니다. 또한 나라를 배반한 비삽을 찾아 냈습니다.

"네 이놈! 일찍이 나라의 은혜를 입어 높은 벼슬에 올라 온갖 영화를 누려 오지 않았느냐? 굶주린 백성들은 오히려 나라를 위해 목숨을 바치고 있는데, 이제 와서 딴뜻을 품다니, 천하의 역적이로다. 이 짐승만도 못한 놈!"

필부는 칼을 뽑아 비삽을 단칼에 베었습니다.

죽어서도 굴복하지 않은 충신 **필부**

🌼 목숨을 다해 충성하다

필부는 군사들과 백성들을 모아 놓고 두 주먹을 불끈 쥐고 소리 높여 외쳤습니다.

"충신은 죽어서도 결코 굴복하지 않는다. 죽음을 각오하고

싸우자! 나라의 운명이 오직 우리에게 달렸다!"

 필부의 말에 부상을 입은 군사들까지 아픈 몸을 일으켜 활을 잡고 싸웠습니다. 하지만 오랜 전쟁에 시달린 군사들은 이미 반 이상이 죽거나 큰 부상을 입고 있었습니다. 더 이상 적을 막아낼 수가 없었던 것입니다.

 고구려군은 바람을 이용해 불을 지르며 성벽을 넘어 쳐들어왔습니다. 필부는 얼마 남지 않은 군사들과 함께 끝까지 싸웠습니다.

 필부는 비 오듯 쏟아지는 화살을 온몸에 맞고 쓰러졌습니다.
"아, 장하도다. 필부여!"
 태종 무열왕은 필부가 죽었다는 소식을 듣고 슬퍼하며 높은 벼슬을 내렸습니다.

용감하게 죽은 화랑
김흠운

김흠운을 따르던 하인이 다시 말고삐를 쥐고 돌아가기를 간청했습니다. 하지만 김흠운은 끝내 혼자서 적을 맞이하여 창으로 찌르고 칼을 빼어 휘두르며 싸우다 그 곳에서 죽고 말았습니다.

🌼 화랑 정신을 이어받다

김흠운은 신라 제17대 내물왕의 8대손으로 아버지는 잡찬 달복이며, 젊어서부터 화랑 문노의 낭도였습니다.

어느 날 문노가 낭도들을 모아 놓고, 지난날 나라를 위해 목숨을 바쳐 그 이름이 오늘에 이르도록 더욱 빛나는 사람들의 이야기를 들려주었습니다.

문노의 이야기에 귀를 기울이고 있던 김흠운은 절로 감동해서 눈물을 흘리며, 언젠가는 자신도 충신들의 뒤를 따르리라 다짐했습니다.

그 자리에 있던 낭도 가운데에서 전밀이 김흠운의 그런 마음을 알아차리고 중얼거렸습니다.

"만약 흠운이 전쟁에 나아가 싸우게 되면, 반드시 돌아오지 않을 것이야."

목숨을 아끼지 않고 싸우다

태종 무열왕 2년(655) 때였습니다. 태종 무열왕은 백제가 고구려와 더불어 자주 변방을 침범해 오는 것에 매우 분노해서, 두 나라를 쳐부술 계획을 세우고 있었습니다.

마침내 신라는 군사를 출동시켜 전쟁을 일으켰습니다.

김흠운은 그 때 낭당 대감으로 있었습니다. 김흠운은 집에도 들어가지 않고 항상 군사들과 함께 생활하며 비바람을 무릅쓰고 피나는 훈련을 했습니다.

이윽고 신라군은 출동하여 백제 땅에 이르러 양산(지금의 충청북도 영동군 양산) 아래 진을 쳤습니다. 다음 날 아침, 조천성(비봉성)을 공격하기 위해서였습니다.

그런데 그 날 이른 새벽, 백제 군사들이 깊은 어둠을 틈타 느닷없이 신라군 진지로 쳐들어왔습니다. 갑자기 공격을 당한 신라 군사들은 크게 놀라 뿔뿔이 흩어져 달아나기에 바빴습니다.

그 틈에 백제 군사들은 더욱 맹렬히 공격을 퍼부어 화살이 비 오듯 쏟아졌습니다. 하지만 김흠운은 조금도 동요하지 않고, 말을 타고 창을 비껴든 채 적군이 오기만을 기다렸습니다.

이 때 대사 전지가 다급하게 소리쳤습니다.

"어서 피하시오. 지금 적이 어둠 속에서 쳐들어오니 코앞까지 다가온들 분별할 수가 없소. 이런 판에 공이 비록 싸우다 죽는다고 해도, 아무도 알아줄 사람이 없단 말이오. 더구나 공은 신라의 왕족이 아니오? 만일 적의 손에 죽는다면 백제의 웃음거리가 될 뿐이오. 어서 이 자리를 피하도록 하시오!"

"무슨 소리요? 대장부가 이미 몸을 나라에 바쳤는데, 남의 눈 따위가 무슨 상관이오? 고작 이름을 남기기 위해 싸운단 말이오? 나는 절대 그럴 수 없소."

김흠운은 그 자리에 굳게 서서 움직이지 않았습니다.

김흠운을 따르던 하인이 다시 말고삐를 쥐고 돌아가기를 간청했습니다. 하지만 김흠운은 끝내 혼자서 적을 맞이하여 창으로 찌르고 칼을 빼어 휘두르며 싸우다 그 곳에서 죽고 말았습니다.

　김흠운이 용감하게 싸우는 것을 본 하인도 한참 달아나다가 마음을 고쳐먹었습니다.

　"우리 주인은 왕족이고 또 권세가 있어 많은 사람들이 애석해하는데도 절개를 지켜 죽었다. 그런데 하물며 나 같은 사람이 애써 살아날 꾀를 부려 무엇하랴!"

　김흠운의 하인은 다시 돌아와 적과 힘껏 싸우다 결국 죽고 말았습니다.

화랑 정신을 드높인
관창

관창의 굳은 마음을 알아차린 계백은 어쩔 수 없이 관창의 목을 베라고 명했습니다. 하지만 어린 나이와 뛰어난 용기, 또 굳센 정신을 높이 사서 관창의 머리를 말안장에 매달아 신라군 진영으로 돌려보내 주도록 했습니다. 신라 군사들은 너도나도 관창의 뒤를 따르겠다고 앞을 다투어 일어났습니다.

삼국 통일을 위해 일어서다

관창은 태종 무열왕 때 신라의 장군 품일의 아들로 태어났습니다. 관창은 어려서부터 총명하고 무술에도 뛰어나 화랑으로 뽑혔습니다.

태종 무열왕 7년(660)에 신라의 군사들은 당나라 장군 소정방의 군사들과 더불어 백제를 치러 갔습니다.

그 때 관창은 비록 어린 소년이었지만, 워낙 무술이 뛰어나고 용감한 화랑인지라 아버지를 따라 싸움터에 나설 수 있었습니다.

이윽고 황산벌에 이르러 양쪽 군사들이 서로 마주 보며 진을 쳤습니다. 그리고 여러 차례 전투가 벌어졌습니다.

하지만 백제의 5000명 결사대는 백제 장군 계백의 명령에 따라 너무도 잘 싸웠습니다. 반대로 신라군 장수들은 시간이 지날수록 초조해졌습니다.

이번에야말로 신라는 백제를 쳐부수고 삼국을 통일해야 할 절호의 기회였던 것입니다.

그런데 아무리 공격을 해 봐도 백제 진영은 꿈쩍도 하지 않았습니다.

"허어, 이거 큰일인데. 백제군이 이렇게 강할 줄은 미처 몰랐구먼."

"그러게 말입니다. 당나라 군사들까지 도와 주고 있는데, 한 발짝도 앞으로 나아가지 못하고 날짜만 끌고 있으니, 어떻게 하면 좋겠소?"

장수들은 발을 동동 구르며 수군거렸습니다. 이 때 품일이 갑자기 아들 관창을 불렀습니다.

"관창아, 네가 비록 나이는 어리지만, 이미 나라 안에서 우러러보는 화랑이 아니냐? 오늘이야말로 나라를 위해 네 이름을 더욱 빛낼 때가 온 것 같구나. 부디 망설이지 말고 용맹을 떨쳐 나라를 구하도록 하라."

품일이 이렇게 말하자, 관창은 서슴없이 나섰습니다.

"예, 아버님. 염려하지 마십시오. 소자도 이미 이 때를 기다린 지 오래 되었습니다."

백제 장군 계백과 맞서다

관창은 곧바로 말 위에 올라 창을 비껴들었습니다.

그리고 혼자서 번개처럼 곧장 적진으로 달려들어가 단숨에 몇 명의 적군을 찔러 죽였습니다. 하지만 워낙 많은 적군 속에 뛰어든 터라 결국 사로잡히고 말았습니다.

관창은 계백 앞으로 끌려갔습니다.

화랑 정신을 드높인 **관창**

"너는 누구냐?"

계백이 붙잡혀 온 관창에게 물었습니다.

"신라의 화랑 관창이오."

관창이 씩씩하게 대답하자, 계백이 부하들을 둘러보며 말했습니다.

"여봐라. 이 포로의 갑옷을 벗겨 보도록 하라."

부하들이 달려들어 관창의 갑옷을 벗겨 놓자, 계백은 놀란 빛을 감추지 못했습니다.

"아아, 신라에는 참으로 뛰어난 인재가 많구나! 이런 어린 소년도 죽음을 두려워하지 않고 용감히 싸우는데, 하물며 병사들이야 일러 무엇하랴."

계백은 아무리 적군이라고 하지만, 어린 소년의 뛰어난 용기에 감동하여 관창을 놓아 주었습니다.

"내 이번에는 특별히 너를 살려 보내 주마. 그러니 다시는 내 앞에 나타나지 마라."

관창은 신라군 진지로 돌아오자마자 입술을 깨물었습니다.

화랑 정신을 드높인 **관창**

"내 아까 적진까지 쳐들어갔으면서도 장수를 베어 기를 꺾지 못했으니, 매우 부끄러운 일이다. 이번에 다시 쳐들어가면 반드시 성공을 하고 말겠다."

관창은 말에서 내려 두 손으로 우물물을 움켜 마신 뒤, 적진을 향해 다시 돌진했습니다.

관창은 이번에도 성난 호랑이처럼 날쌔게 말을 몰아 많은 적군을 무찔렀습니다. 하지만 또 어쩔 수 없이 포로가 되어 계백 앞으로 끌려갔습니다.

"네 이놈! 두 번 다시 오지 말라 했거늘, 왜 또 왔느냐?"

계백이 노한 목소리로 꾸짖었습니다. 그러나 관창은 조금도 두려워하지 않고 말했습니다.

"장군은 신라의 화랑을 모르시오? 화랑은 전쟁에 나아가면 물러날 줄 모르오. 어서 이 목을 베도록 하오."

관창의 굳은 마음을 알아차린 계백은 어쩔 수 없이 관창의 목을 베라고 명했습니다.

하지만 어린 나이와 뛰어난 용기, 또 굳센 정신을 높이 사서 관창의 머리를 말안장에 매달아 신라군 진영으로 돌려보내 주도록 했습니다.

품일은 아들의 머리를 받아들고 흐르는 피를 소맷자락으로 닦아 주었습니다.

"오, 내 아들아! 네가 이제야 신라의 정신을 살렸구나. 장하다, 내 아들 관창아!"

이 광경을 본 신라 군사들은 분노가 끓어올라 이를 깨물며 나라를 위하여 목숨을 바칠 각오를 했습니다.

신라 군사들은 너도나도 관창의 뒤를 따르겠다고 앞을 다투어 일어났습니다.

마침내 신라 군사들은 북을 치고 고함을 내지르며 물밀듯이 적진으로 쳐들어갔습니다.

아버지의 명예를 되살린 화랑
원술

675년, 당나라 군사가 또다시 신라의 매소천성을 침공하자, 원술은 산에서 나와 죽음으로써 치욕을 씻고자 다짐하며 싸움터에 나갔습니다. 원술은 온몸을 던져 용감히 싸웠습니다. 원술의 눈부신 활약은 신라군에게 승리를 안겨 주었습니다.

🌼 신라 장군 김유신의 둘째 아들

신라 장군 김유신은 태종 무열왕의 셋째 딸과 부부의 연을 맺어 아들 다섯을 낳았습니다.

첫째 아들은 삼광이며, 둘째 아들은 원술, 셋째 아들은 원정, 넷째 아들은 장이, 막내아들은 원망으로 모두 신라의 높은 벼슬을 지냈습니다.

백제와 고구려가 멸망한 뒤 문무왕은 고구려의 군사를 받아들이고, 또 백제의 옛 땅을 점령하여 다스렸습니다.

그러자 당나라의 황제 고종이 크게 노하여 군사를 보내 신라를 치려 했습니다.

고종의 명을 받은 당나라 군사는 말갈족과 함께 황해도 서흥 석문 벌판에 진을 치고 그 곳에서 신라와 큰 싸움을 벌였습니다.

이 싸움에서 신라는 여러 장수들이 죽고 큰 위기에 처하고 말았습니다.

이 때 싸움터에 나갔던 원술도 마음 속으로 죽음을 각오했습니다.

그리하여 최후로 적진을 향해 돌진하려 했습니다.

그러자 담릉이라는 부하가 원술을 가로막으면서 말했습니다.

"남자는 죽는 일이 어려운 것이 아니라, 어떻게 죽느냐가 더 어렵습니다. 죽어도 소용이 없을 바에는 살아서 후일을 기다리는 것이 옳은 줄 압니다."

"구차하게 살아서 돌아간다면 무슨 면목으로 아버님을 뵙겠는가?"

"살아서 공을 세운 다음에 뵙는 것이 더욱 떳떳하지 않겠습니까?"

담릉은 한사코 말고삐를 잡고 나아가지 못하게 했습니다.

원술은 눈물을 머금고 서라벌로 돌아오게 되었습니다.

🌼 아버지에게 용서받지 못하다

아들이 싸움에 패하여 살아 돌아온 것을 보자, 김유신은 노여움을 참지 못했습니다.

"전하!"

김유신은 싸움의 결과를 보고하는 자리에서 몸을 부르르 떨면서 아뢰었습니다.

"크게 패하고 말았습니다."

김유신이 싸움에서 졌다는 보고를 올리기는 평생을 통해 처음 있는 일이었습니다. 김유신에게 싸움에 진다는 것은 있을 수 없었습니다.

"전하, 이번 싸움에도 우리 신라군은 용감히 싸웠습니다. 다만 신의 자식 원술만은 비겁하게 싸움에 지고도 살아서 돌아왔습니다. 크게는 왕명을 욕되게 하고 신라의 정신을 더럽혔사오며, 작게는 집안의 가르침을 어겼습니다. 목을 베게 하여 주십시오."

"무슨 말이오?"

"이번 싸움에서 많은 장수가 목숨을 잃었습니다. 그 장수들의 자식들도 아비의 뒤를 따라 싸우다가 장렬하게 죽었습니다. 하물며 원술은 화랑으로서, 또 장수로서 구차하게 살아 돌아왔으니 신은 자식놈을 용서할 수가 없습니다."

"원술은 한낱 장수인데, 그에게만 가혹한 벌을 내릴 수야 있소? 한 번 용서하고 훗날에 다시 공을 세우도록 하시오."

김유신은 원술을 용서할 수가 없었지만 왕의 명을 어길 수는 없었습니다.

치욕을 씻기 위해 용감히 싸우다

한편, 원술은 이 소식을 듣고 가슴을 치면서 울었습니다.

"나는 마땅히 죽었어야 했다. 이렇게 구차하게 살아서 아버님에게 버림을 받았으니 무슨 얼굴로 사람들을 대할 수 있단 말인가?"

그 날로 원술은 어디로인지 모습을 감추어 버렸습니다. 숨어서 부끄럽게 살던 원술은 아버지가 돌아가셨다는 소식을 듣고 집으로 달려왔습니다.

원술이 돌아왔다는 소식이 원술의 어머니에게도 알려졌습니다.

"누가 왔다고 했느냐?"

"원술 도련님께서……."

"원술이라고?"

"예."

"내게는 그런 아들이 없느니라!"

"……."

"여자는 마땅히 지아비를 따르는 법이다. 돌아가신 어른께서 이미 버리신 자식인데 내가 어찌 자식으로 대할 수 있겠느냐?"

너무도 차가운 목소리에 하인은 그만 물러나왔습니다.

소식을 전하러 갔던 군졸의 이야기를 들은 원술은 대문 앞에 엎드려 한없이 울었습니다.

"어머니! 어머니! 한 번만이라도 뵙게 해 주십시오."

원술이 땅을 치며 통곡했으나 어머니의 음성은 끝내 들리지 않았습니다.

'담릉 때문에 내가 이 지경이 되었구나!'

원술은 발길을 돌려 태백산 깊은 곳으로 들어갔습니다.

문무왕 15년(675), 당나라 군사가 또다시 쳐들어와 신라의 매소천성을 침공하자, 원술은 산에서 나와 죽음으로써 치욕을 씻고자 다짐하며 싸움터에 나갔습니다.

원술은 온몸을 던져 용감히 싸웠습니다. 원술의 눈부신 활약은 신라군에게 승리를 안겨 주었습니다.

문무왕이 원술의 공을 치하하고 높은 벼슬을 내리려 했으나 원술은 끝까지 사양했습니다. 원술은 다시 태백산으로 들어가 쓸쓸하게 일생을 마쳤습니다.

목숨을 걸고 적진을 통과한
열기

열기는 15명의 군사와 함께 칼과 활로 단단히 무장을 했습니다.
열기는 빠른 말을 골라 타고 당나라군 진지를 향해 출발했습니다.
당나라군 진지로 가기 위해서는 고구려군 진지를 통과해야만 했습니다.
죽음을 각오하지 않고서는 그 곳을 지날 수 없었습니다.

🌼 당나라 군사들에게 위험을 알리다

문무왕 원년(661), 신라는 당나라와 연합해 고구려를 치기로 했습니다.

당나라에서는 장군 소정방이 많은 군사를 이끌고 고구려를 공격하기 위해 왔습니다. 당나라 군사들은 평양성을 포위하고 공격하기 시작했습니다.

하지만 고구려 군사도 그렇게 만만하지는 않았습니다. 성문을 굳게 닫아걸고 빈틈없이 지키고 있어 좀처럼 성을 함락시

킬 수가 없었습니다.

싸움이 오래 계속되자 먼 길을 온 당나라 군사들은 점점 지쳐 갔습니다. 또한 식량이 떨어져 많은 군사들이 굶주림에 지쳐 쓰러질 지경이었습니다.

소정방은 신라에 사신을 보내어 식량을 운반해 줄 것을 청했습니다.

문무왕은 신라 군사를 지휘하는 김유신에게 명령했습니다.

"당나라 군사들에게 식량을 즉시 보내도록 하라."

김유신은 식량을 싣고 군사들과 함께 평양성으로 떠났습니다. 평양성까지 가는 길은 멀고도 험했습니다.

어렵게 장새(지금의 황해도 수안)에 도착했지만 추위와 눈보라가 몰아쳤습니다. 얼어 죽는 군사와 말도 점점 늘어났습니다.

신라군이 식량을 싣고 오는 것을 알게 된 고구려에서는 신라군을 습격할 기회만 노리고 있었습니다.

고구려군이 습격해 올 것이라는 소식을 알게 된 김유신은 매우 난처했습니다.

　당나라의 진지는 아직도 너무나 멀리 있었습니다. 나아갈 수도 없고 돌아갈 수도 없었습니다. 또 편지를 보내려고 해도 갈 사람이 마땅하지 않았습니다.

　"어떻게 하면 좋겠소? 여기까지 와서 이대로 머물러 있을 수는 없는 일이 아니오. 하루속히 당나라 진지에 연락을 해야 하는데 누가 이 일을 맡겠소?"

　김유신이 부하들을 둘러보며 말했습니다.

　이 때 보기감(벼슬 이름)의 부사로서 군사들의 행군을 돕고 있던 열기가 앞으로 나왔습니다.

　"저를 보내 주십시오. 비록 느리고 어리석어 재주는 부족하지만, 목숨을 걸고 해 보겠습니다."

　"고맙소. 그대가 간다면 능히 성공할 수 있을 것이오. 반드시 성공하고 돌아오기를 빌겠소."

　"예."

　김유신은 기꺼이 허락했습니다.

목숨을 걸고 적진을 통과한 열기

🌺 목숨을 걸고 적진을 향해 달리다

열기는 15명의 군사와 함께 칼과 활로 단단히 무장을 했습니다. 열기는 빠른 말을 골라 타고 당나라군 진지를 향해 출발했습니다.

당나라군 진지로 가기 위해서는 고구려군 진지를 통과해야만 했습니다. 죽음을 각오하지 않고서는 그 곳을 지날 수 없었습니다.

열기와 뒤를 따르는 신라 군사들은 힘차게 채찍질을 하며 말을 달렸습니다.

열기의 무리는 눈 깜짝할 사이에 고구려 진지로 뛰어들었습니다. 느닷없이 나타난 신라 군사를 보고, 고구려 군사들은 멍하니 바라보기만 할 뿐, 선뜻 막아설 엄두도 내지 못하고 있었습니다.

열기는 이틀 만에 마침내 당나라 진지에 도착했습니다. 열기는 소정방을 만나 김유신의 편지를 전달했습니다. 당나라 진지에서는 기뻐하며 답장을 써 주었습니다.

열기는 다시 이틀 만에 무사히 진지로 돌아왔습니다.

"오, 참으로 장하오! 만일 그대가 아니었더라면, 누가 감히 이 일을 맡을 수가 있었겠소."

답장을 받은 김유신은 열기의 손을 붙잡으며 기쁜 빛을 감추지 못했습니다.

그 뒤 신라에서 운반해 온 식량이 무사히 당나라군의 진지로 옮겨지게 되었습니다. 이것은 모두 열기의 큰 공로로 이루어진 결과였습니다.

충성스러운
취도 삼형제

"아아, 취도는 죽을 곳을 알고 형제들의 마음을 달랬으며, 부과와 핍실은 의를 위해 용감히 싸우고 자신의 몸을 돌보지 않았으니, 어찌 장하다 아니 하리오. 바라건대 길이 길이 빛나라……."

🌼 나라를 위해 군인이 되다

신라 사량부에 살고 있던 취복은 아들 삼 형제를 두었습니다. 맏이는 부과요, 둘째는 취도, 막내는 핍실이었습니다.

둘째 아들 취도는 일찍이 절에 들어가 승려가 되었습니다. 취도는 이름을 도옥으로 고치고, 진흥왕 때 창건한 실제사에 있었습니다.

태종 무열왕 때 백제가 조천성(지금의 충청북도 영동군 양산에 있으며 비봉성이라고도 함)으로 쳐들어왔습니다. 태종 무열왕은 군사를 일으켜 백제군과 맞서 싸우게 했습니다.

그러나 좀처럼 싸움이 끝나지 않아 나라의 큰 근심거리가 되었습니다.

이 때 도옥도 부쩍 나라 걱정이 늘었습니다. 그러던 어느 날 도옥은 큰 깨달음을 얻었습니다.

'승려가 된 자는 모름지기 큰 진리를 얻거나 부처님의 가르침을 널리 알려 사람들을 이롭게 해야 하는데, 나는 과연 무엇인가? 절에 들어와 머리를 깎고 승려의 옷을 입고 있을 뿐, 한 가지도 착하고 좋은 일을 베푼 적이 없으니 부끄럽고 죄스럽기 짝이 없다. 이럴 바엔 차라리 승려의 옷을 벗어 버리고 전쟁터에 나서자. 나라를 위해 몸을 바치는 것이 떳떳한 도리가 아니랴.'

도옥은 절을 떠나기로 마음먹었습니다. 도옥이라는 이름을 버리고 다시 취도가 되었습니다.

취도는 용감하게 앞장서서 전쟁터로 나아갔습니다. 오색 깃발이 나부끼고 우렁찬 북 소리가 천지를 진동시키고 있었습니다. 번쩍이는 창과 칼을 움켜쥔 신라와 백제의 군사들이 서로 뒤엉켜 한바탕 큰 싸움이 벌어졌습니다.

취도는 용감히 싸웠으나 결국 목숨을 잃고 말았습니다.

용감히 싸우는 형제

문무왕 11년(671)이었습니다. 당시 백제는 멸망했지만, 백제 부흥을 꿈꾸는 백제 사람들이 곳곳에서 신라를 괴롭혔습니다.

문무왕은 군사를 이끌고 백제의 변방으로 쳐들어갔습니다. 그러고는 넓은 평야에 자라고 있는 벼포기를 모조리 짓밟아 버렸습니다.

그리고 마침내 백제 군사들과 싸움이 벌어지게 되었습니다.

그 때 가장 용감히 싸우다 전사한 사람이 바로 취도의 형 부과였습니다.

부과는 동생의 죽음을 보고 나라를 위해 자신도 기꺼이 목숨을 바쳤습니다.

신문왕 4년(684), 이미 멸망한 나라인 고구려의 백성들이 보덕성에 진을 치고 대항하고 있었습니다.

신문왕은 군사를 일으켜 토벌 명령을 내렸습니다.

이 때 취도의 아우 핍실이 두 형의 뒤를 이어 전쟁터로 나아갔습니다.

전쟁터로 떠나기에 앞서 핍실은 아내에게 말했습니다.

"우리 두 형이 이미 나라를 위해 목숨을 바쳐 그 이름이 빛나고 있소. 내 어찌 죽음을 두려워하며 구차스럽게 살아가겠소? 그러니 내가 돌아오지 못하더라도 부디 슬퍼하지 말고 아이들을 잘 키우도록 하오."

핍실의 아내는 몹시 슬펐지만, 남편을 붙잡지는 못했습니다.

핍실은 전쟁터로 나아가 적과 맞서게 되자, 혼자서 말을 달려 적진 깊숙이 쳐들어갔습니다.

핍실은 수십 명의 적군을 죽이고 나서 자신도 결국 목숨을 잃었습니다.

핍실이 죽었다는 소식을 들은 신문왕은 눈물을 흘리며 탄식

했습니다.

"아아, 취도는 죽을 곳을 알고 형제들의 마음을 달랬으며, 부과와 핍실은 의를 위해 용감히 싸우고 자신의 몸을 돌보지 않았으니, 어찌 장하다 아니 하리오. 바라건대 길이 길이 빛나라……."

신문왕은 부과, 취도, 핍실 삼 형제 모두에게 높은 벼슬을 내려 주었습니다.

어린이 삼국사기 3

1판 1쇄 인쇄 | 2007. 3. 26.
1판 12쇄 발행 | 2020. 8. 27.

어린이 삼국사기 편찬위원회 글 | 최수웅 그림
한국역사연구회 추천 및 감수

발행처 김영사 | **발행인** 고세규
등록번호 제 406-2003-036호 | **등록일자** 1979. 5. 17.
주소 경기도 파주시 문발로 197(우10881)
전화 마케팅부 031-955-3100 | **편집부** 031-955-3113~20 | **팩스** 031-955-3111

ⓒ 2007 김영사
이 책의 저작권은 김영사에게 있습니다.
서면에 의한 김영사의 허락 없이 내용의 일부를 인용하거나 발췌하는 것을 금합니다.

값은 표지에 있습니다.
ISBN 978-89-349-2274-2 74900

좋은 독자가 좋은 책을 만듭니다. 김영사는 독자 여러분의 의견에 항상 귀 기울이고 있습니다.
전자우편 book@gimmyoung.com | 홈페이지 www.gimmyoungjr.com

어린이제품 안전특별법에 의한 표시사항

제품명 도서 제조년월일 2020년 8월 27일 제조사명 김영사 주소 10881 경기도 파주시 문발로 197
전화번호 031-955-3100 제조국명 대한민국 ⚠주의 책 모서리에 찍히거나 책장에 베이지 않게 조심하세요.